mafalda

INÉDITA

EDICIONES
DE LA FLOR

Textos e investigación periodística
Sylvina Walger

Recopilación
Alicia y Julieta Colombo

Diseño de tapa y diagramación
Juan Miguel Castillo

© 1988 *by* Joaquín Salvador Lavado (Quino)

© Ediciones de la Flor S.R.L.
Gorriti 3695, C1172ACE Buenos Aires, República Argentina
www.edicionesdelaflor.com.ar

Impreso en la Argentina / *Printed in Argentina*

Queda hecho el depósito que establece la ley 11.723
ISBN 978-950-515-664-1

Si este libro está aquí es gracias al Monito.
Quino

EXPLICACIÓN

La trayectoria de *Mafalda* abarca el período comprendido entre los años 1964 y 1973, en tres publicaciones: "Primera plana", "El Mundo" y "Siete Días Ilustrados". Bastante antes de la despedida oficial de la tira, en junio de 1973, Quino –y nadie más que él– se había dado cuenta de que se encontraba agotado y que no podía insistir sin repetirse.

A diferencia de otros colegas suyos –como Schulz, creador de "Peanuts"–, que han hecho perdurar las tiras apoyándose en un equipo de guionistas y dibujantes, Quino se resistió siempre a perder el contacto personal con su creación. Jamás quiso adoptar esa modalidad de trabajo por considerarla no adecuada a su estilo, así como tampoco nunca ha utilizado un mecanismo particular de trabajo. Antes que nadie lo pudiera percibir, Quino supo que *Mafalda* había cumplido su cometido.

Los diez libros editados sobre *Mafalda* no recogen exhaustivamente las andanzas del personaje que Umberto Eco definió como una "heroína iracunda que rechaza al mundo tal cual es... reivindicando su derecho a seguir siendo una niña que no quiere hacerse cargo de un universo adulterado por los padres".

Las tiras que integran este *Mafalda inédita*, en buena parte aparecidas en las publicaciones mencionadas, fueron, en muchos casos, deliberadamente omitidas de los libros precedentes. La decisión de darlas a conocer a través de una nueva edición significa no solamente un homenaje a la verdad histórica de *Mafalda* –a punto de cumplir sus veinticinco años– sino también un llamado a la reflexión sobre casi una década de la historia local y mundial.

El volumen incluye las 48 tiras publicadas en "Primera Plana", nunca recopiladas; además, los orígenes de la tira que, como se verá, no nació tanto de un afán de contestar al mundo como de la más prosaica necesidad de publicitar un determinado producto.

Excepto razones de fuerza mayor, como ocurrió con la desaparición de algunos originales, los criterios utilizados para descartar las tiras que aquí se reproducen fueron tres, principalmente. En primer término, prevaleció la opinión del autor, que descalificó algunas por encontrarlas sencillamente "malas" y por lo tanto sin méritos suficientes para ser incluidas en los anteriores volúmenes. Otras, en cambio, fueron eliminadas por considerarse que respondían a situaciones de validez temporal (ejemplo, los llamados a vacunarse contra la poliomielitis).

Por último, y aquí se impusieron criterios de tipo político, tampoco fueron incluidas las tiras que aludían, con la inevitable sorna del momento, a las limitaciones del gobierno del doctor Illia. El mismo Quino explica que "tanto por la ignorancia que teníamos acerca de las reglas del juego democrático como por la misma precariedad de estas democracias nos convertimos, sin desearlo, en los mejores aliados del enemigo".

QUINO
recibió un llamado telefónico
de Joan Manuel Serrat pidiéndole
algo para su disco "El Sur también
existe", que musicalizaba poemas
de Mario Benedetti y entendió que
Serrat quería la tira para
ponerla dentro del disco como un
desplegable –de ahí el formato
cuadrado–; pero el disco ya había
salido a la venta y la tira no llegó
a distribuirse con él.
"Fue el producto de un equívoco
entre un catalán y un andaluz",
explica Quino, aludiendo a sus
propios orígenes.

LEOPLAN

COMO una "historia curiosa" define el humorista y escritor Miguel Brascó la participación que le cupo en el nacimiento de *Mafalda*. Amigo personal de Quino, hacia 1962 habían compartido páginas en las revistas "Tía Vicenta", que dirigía Landrú y "Cuatro Patas", una creación de Carlos del Peral que, aun-

que de circulación restringida y corta duración, también fue un modelo humorístico de la época.

"Quino me había comentado que tenía ganas de dibujar una tira con chicos", recuerda Brascó. "Un día llaman de Agens Publicidad y me piden un dibujante capaz de urdir

una tira cómica que habría de publicarse de manera encubierta en algún medio, para promocionar los electrodomésticos Mansfield producidos por Siam Di Tella."

"La persona que habló conmigo se llamaba Briski y me acuerdo porque el nombre me sugirió una mezcla de Brascó con

Oski." Brascó le dice a Quino
–"Quinoto", como lo recuerda
cariñosamente–: "Para mí vos
sos el indicado", y le sugiere
que imagine una historieta
que combine a "Peanuts con
Blondie". Para Brascó, "Quino
era y sigue siendo no sólo un
gran dibujante, sino un genial
argumentista".

El autor boceta entonces una
familia tipo en la que pueden
reconocerse a *Mafalda* y a
sus padres, pero respetando
una de las reglas de oro de
la agencia: que el nombre
de todos los personajes co-
mience con "M".

Quino se acuerda de que en
la novela de David Viñas,
Dar la cara, se habla de una
beba llamada *Mafalda*, le
parece un nombre alegre y
lo adopta para su protago-
nista. Con el tiempo se entera de la desgraciada historia

de la Principessa Mafalda de Savoia, hija del rey de Italia, Vittorio Emanuele III, que terminó sus días en el campo de concentración de Buchenwald.

Agens resuelve entregarle la tira al diario "Clarín" a cambio de que no se les cobrara el espacio. Pero el diario percibe la publicidad encubierta y el acuerdo se rompe. La campaña no se hace y los productos Mansfield –por motivos ajenos a esto– no llegan nunca a estar en el mercado.

Miguel Brascó se entera de que "el negocio no había

13

prosperado" cuando Quino le lleva las fallidas tiras a "Gregorio", el suplemento estable de humor de la revista "Leoplán", creado y dirigido por Brascó, y en el que colaboraban firmas de la talla de Rodolfo Walsh, Carlos del Peral, Kalondi y Copi. Impresionado por el homenaje a "Periquita" que cree entrever en el dibujo de *Mafalda*, Brascó le publica tres de las tiras.

Hasta aquí la primera parte del nacimiento de *Mafalda*, que prueba hasta qué punto su autor nunca se pensó a sí mismo como un crítico del mundo y, menos aún, tuvo expectativas de transformarlo porque, según sus propias palabras, no cree que "el humor transforme nada".

LEOPLAN

EL

fracaso de la campaña Mansfield y la gran amistad que unía a Quino con Julián Delgado, jefe de redacción de la revista "Primera Plana", desaparecido cuando era director de "Mercado" –el 4 de junio de 1978–, determinaron que *Mafalda* se formalizara como tira. Delgado intuye que puede ser un éxito entre los lectores de "Primera Plana". Lo conversa con Quino y éste se incorpora a la publicación. *Mafalda* debuta oficialmente como tira el 29 de setiembre de 1964 en "Primera Plana", donde se publica hasta el 9 de marzo de 1965. Durante este período, Quino produjo 48 tiras a un ritmo de dos por semana.

En esta etapa sólo permanecerán del boceto original *Mafalda* y los padres, hasta que el 19 de enero de 1965 hace su primera aparición Felipe. La fuente de inspiración de este personaje hay que buscarla en otro gran amigo del autor, Jorge Timossi, quien a otras cualidades espirituales sumaba –explica Quino– "dos graciosos dientes de conejito".
Timossi es un periodista argentino que se radicó en Cuba hace muchos años y participó de la fundación de la agencia de noticias "Prensa Latina".

Mafalda parecía definitivamente instalada en "Primera Plana" cuando en marzo de 1965 un diario del interior solicita la tira para publicarla. Al intentar Quino retirar los originales para comenzar a enviárselos, se entera de que el semanario considera de su propiedad las tiras publicadas.
"Fui al archivo y logré que el cadete me las diera", recuerda. Fue el fin de su relación con "Primera Plana" y también una dolorosa ruptura de su amistad con Julián Delgado.

COMO
toda persona que trabaja en un
medio debe adaptarse a la modalidad periodística
de éste y siendo "Primera Plana" un semanario
de actualidad nacional e internacional, Quino
trató de reflejar las inquietudes de la época.
Las referencias que se hacen en las tiras a China,
África, América Latina y la condición femenina
tienen que ver con que, por
entonces, se creía firmemente en que el Tercer
Mundo y la mujer lograrían revertir su
situación de sumergidos.

29 setiembre '64

29 setiembre '64

EN febrero de 1962 un golpe militar depuso al gobierno de Arturo Frondizi. Entre las causas que provocaron su caída pueden mencionarse el triunfo peronista en la provincia de Buenos Aires, en las elecciones legislativas de ese año y la firma de unos oscuros contratos de petróleo. Le sucede José María Guido, presidente provisional del Senado, al que un manejo político coloca al frente del país como la cara civil de las Fuerzas Armadas. Mientras,

6 octubre '64

6 octubre '64

surgen diferencias en el seno del Ejército, que se divide en dos bandos, "azules" y "colorados", que llegan al enfrentamiento armado. Los "azules", de tendencia "legalista", se inclinaban por una restauración del orden constitucional por oposición a los "colorados", proclives a instalarse definitivamente en la Casa Rosada.

Triunfa la fracción azul, con el general Juan Carlos Onganía a la cabeza. El país concurre nuevamente a las urnas

19

13 octubre '64

13 octubre'64

el 7 de julio de 1963. Perón, desde Madrid, había ordenado el voto en blanco. Resulta ganadora –con sólo el 21,9% de los votos– la Unión Cívica Radical del Pueblo, convertida en primera minoría.

El 12 de octubre asume la presidencia de la República el doctor Arturo Umberto Illia. Sobrio y austero como pocos, aficionado al mate y a las largas charlas, este anciano médico de Cruz del Eje, Córdoba, que conocía por el nombre

20 octubre '64

20 octubre '64

a toda la gente de su pueblo y se interesaba personalmente por sus males, supo conservar ese estilo como presidente de la Nación. (Ref. tira 2 marzo '65).

Cumpliendo lo prometido durante su campaña electoral, en noviembre de ese año anuló los contratos de petróleo concertados por el gobierno de Frondizi con companías extranjeras. Sabiendo el escozor que tal medida provocaría en los sectores más reaccionarios del país, Illia prefirió que el

27 octubre '64

27 octubre '64

anuncio lo hiciera discretamente, y a medianoche, su ministro de Economía, Eugenio Blanco.

Al cumplirse el primer año de gobierno, octubre de 1964, una encuesta realizada por la revista "Primera Plana" revelaba que el 98% de los encuestados adjudicaba al Presidente la imagen de un mandatario "bondadoso, calmo y paternal" más que la de un gran estadista con "poder de conducción y ejecutividad". (Ref. tira 1º diciembre '64).

3 noviembre '64

3 noviembre '64

Conocidos hombres de prensa como el columnista de "Primera Plana" Mariano Grondona –subsecretario de Interior luego del triunfo de los "azules" y uno de los autores del "Comunicado 150" de Campo de Mayo, que consagraba la prescindencia de los militares en política– escribía en esa misma época que la "figura del doctor Illia creció este año de la nebulosa inicial a una imagen de unánime respeto. Desde Marcelo T. de Alvear... nunca un presidente ha sido

23

10 noviembre '64

10 noviembre '64

menos atacado en el orden personal".

El país conocía en tanto un primer año de paz democrática y recibía la influencia de la libertaria década de los sesenta. La creatividad florecía en el Instituto Di Tella, sede de la vanguardia intelectual del momento, y la Universidad atravesaba una de sus épocas más brillantes bajo el rectorado de Risieri Frondizi.

La expansión industrial valorizó la industria nacional y obli-

17 noviembre '64

17 noviembre '64

gó a las empresas a remozar sus cuadros directivos dando origen a unos personajes que pusieron la nota sofisticada de esos años, "los ejecutivos", a quienes inmortalizó María Elena Walsh en una canción. Gerentes de ventas, expertos en relaciones públicas, finanzas o costos industriales, impusieron un lenguaje rebuscado del cual la revista "Primera Plana" fue un modelo. Canalizaban sus nervios en la jaula de golf y se trataban con psicoanalistas. (Ref. tira 2 febrero '65).

24 noviembre '64

24 noviembre '64

En el verano de 1965 termina la tregua que los partidos políticos, las entidades empresarias y los gremios habían concedido al gobierno, al que ya comenzaba a enrostrársele una notable falta de dinamismo en su gestión. Esta califi- cación falsa resultaba impulsada por una campaña orquestada, trampa en la que muchos cayeron. En agosto de 1964 se había anunciado el retorno de Perón y en setiembre la Justicia decretaba la prisión preventiva de los 119 dirigen-

1° diciembre '64

1° diciembre '64

tes cegetistas que habían aprobado un "plan de lucha" con ocupación de fábricas, por "instigación a cometer delitos". Se extiende por el país una psicosis retornista y las encuestas arrojan que el 61% de la población es favorable al retorno; con la misma intensidad, el general Onganía aparece como el militar que despierta más simpatías.

El 3 de diciembre de 1964 Perón llega al aeropuerto de Río de Janeiro y es declarado "persona no grata" por el

8 diciembre '64

8 diciembre '64

gobierno brasileño a instancias de la Argentina, por lo que debe regresar a España. (Ref. tira 5 enero '65). A partir de entonces, desde Madrid se ordena no dar tregua al sistema vigente en el país.

Pese a que entre agosto de 1964 y marzo de 1965 el aumento del costo de vida había sido tan sólo del 15%, José Alonso, secretario general de la CGT, asegura que "esto no da para más" y pronostica que "el país comien-

15 diciembre '64

22 diciembre '64

za a salir ahora de la crisis para entrar en el caos". (Ref. tira 9 febrero '65). Una vez más, la sociedad se ve sacudida. Una carta del general Enrique Rauch denuncia un complot alentado por Frondizi, Frigerio y Framini para desplazar al comandante en jefe del Ejército, general Juan Carlos Onganía, y reemplazarlo por el general Carlos Jorge Rosas. Onganía sale fortalecido de la crisis.

POR la misma época, el mundo enfrentaba los cambios más pro-

15 diciembre '64

22 diciembre '64

fundos que las sociedades hayan registrado después de la Segunda Guerra Mundial. La posibilidad de un holocausto nuclear y el ímpetu revolucionario de la China de Mao, que a diferencia del comunismo soviético no se contentaba con cambiar la vida sino que pretendía cambiar al hombre, eran percibidos como una amenaza para el planeta. (Ref. tira 3 noviembre '64). Vanos resultaban los llamados del entonces secretario general de la ONU, el pacífico budista birmano U-Thant, apelando a la conciencia de

29 diciembre '64

29 diciembre '64

las naciones para detener la carrera armamentista atómica. En los Estados Unidos, ya embarcados en la guerra de Vietnam, una explosión racial sin precedentes reivindicaba la igualdad de derechos civiles para blancos y negros. Su líder, Martin Luther King, posteriormente asesinado, recibía el premio Nobel de la Paz, en octubre de 1964. Al mismo tiempo, Jean-Paul Sartre rechazaba el de Literatura alegando que "un escritor que toma posiciones políticas, sociales o literarias

31

5 enero '65

5 enero '65

sólo debe actuar con medios que le son propios, es decir, con la palabra escrita... mis simpatías por los guerrilleros de las FALN venezolanas –por ese entonces muy extendidas en ese país– sólo me comprometen a mí, pero si el Premio Nobel Jean-Paul Sartre toma partido por la resistencia en Venezuela arrastra consigo a todo el Premio Nobel".

En junio de 1964, el senador por Arizona Barry Morris Goldwater, nieto de un judío polaco que había emigrado a los

12 enero '65

12 enero '65

Estados Unidos y miembro de la fascista John Birch Society, obtenía la candidatura republicana a la presidencia. Anticomunista visceral, Goldwater emprendió contra los demócratas una de las campañas más virulentas que los Estados Unidos hayan conocido, responsabilizándolos por "la degradación moral del país". Reclamaba mano dura contra los negros y prometía una política exterior de "paz por la fuerza". En las elecciones de ese año, arrastró al Partido Republicano a su

¡SI A ALGUIEN QUIERO EN ESTE MUNDO ES A MI PADRE!

¡TODO EL MUNDO SABE QUE MI MAYOR ORGULLO ES SER SU HIJA!

¡ES TANTO EL CARIÑO QUE SIENTO POR ÉL!...

...QUE SI USTED NO LO SALVA, MORIRÉ ¿ME ENTIENDE, DOCTOR?..¡MORIREEÉ!.... CHACHÁN-CHACHAAANN♪♫♪. CONCLUYE ASÍ OTRO CAPÍTULO DE...

19 enero '65

¿CÓMO TE LLAMÁS?

FELIPE ¿Y VOS?

MAFALDA

¿EN QUÉ PISO VIVÍS?

EN EL SEGUNDO ¿Y VOS?

EN EL QUINTO

SOMOS UNA GENERACIÓN HORIZONTAL Y CRISTIANA

19 enero '65

más estrepitosa derrota frente al binomio Lyndon Johnson-Hubert Humphrey. (Ref. tira 27 octubre '64).

Un episodio que ocupó gran espacio en la prensa de esos meses corresponde a los avatares del turbulento proceso de descolonización del Congo Belga (hoy República de Zaire). En 1961 el Congo había conquistado su independencia de manera truculenta, después de un siglo de dominación belga que impuso a la población de algo más de 14 millones

26 enero '65

26 enero '65

de habitantes un régimen de terror.

Moise Capenda Chombe, terrateniente de Katanga, la provincia más rica del Congo Belga, aspira a convertirla en un Estado independiente. Se le opuso Patrice Lumumba, primer ministro del presidente Joseph Kasavubu, que pretendía construir un auténtico Estado nacional congoleño. Lumumba, obligado a huir, es reemplazado por el coronel Joseph Desiré Mobutu (actual presidente de Zaire). Apresa-

35

2 febrero '65

2 febrero '65

do Lumumba, es entregado a Chombe y en enero de 1961 se informa que había muerto al "intentar escapar". Chombe libra una cruenta guerra civil –apoyado por los belgas– contra Kasavubu-Mobutu, más afines a Washington. La Unión Minera Belga cedió posiciones y fue creada la Sociedad Congoleña de Minerales, donde los Estados Unidos salieron fortalecidos. (Ref. 23 febrero '65).

Octubre de 1964 resultará un mes intenso en el plano inter-

9 febrero '65

9 febrero '65

nacional. Se acentúan las diferencias ideológicas que distanciarán –durante largos años– a China de la Unión Soviética. Renuncia el secretario general del Partido Comunista soviético, Nikita Kruschev, no sin antes definir a Mao como un "segundo Hitler".

El 17 de octubre China hace estallar su primera bomba atómica convirtiéndose en la quinta potencia nuclear del mundo. U-Thant calificó al experimento de "lamentable",

16 febrero '65

16 febrero '65

aunque la agencia "Nueva China" se apresuró a calmar los ánimos argumentando que el artefacto no tenía otro objetivo que acabar con el monopolio nuclear. (Ref. tiras 27 octubre '64 y 3 noviembre '64).

El recelo con que el mundo miraba a aquellos setecientos millones de chinos que pretendían, además de comer, castigar al hombre blanco por haberlos humillado durante tantos años, no fue obstáculo para que el semanario fran-

23 febrero '65

23 febrero '65

cés "L'Express" consagrara a Mao como el hombre del año. China y Francia tenían algo en común; ambas se habían negado a firmar, en 1963, el Tratado Nuclear de Moscú, que aspiraba a la no proliferación de armas nucleares, acordado por la Unión Soviética, Inglaterra y los Estados Unidos.

En América latina, en tanto, las aguas se agitaban. En marzo de 1964, un golpe militar había depuesto al presidente brasileño Joao Goulart. En octubre de ese mismo

39

2 marzo '65

2 marzo '65

año, el gobierno del mariscal Humberto Castelo Branco –muerto en 1967 en un accidente de aviación– reconocía que los militares que llegaron al gobierno para asegurar "la reconstrucción económica, financiera, política y moral del país" no habían podido frenar el "costo de vida". El 28 de octubre de 1965, Castelo Branco impone una verdadera dictadura militar y concentra en su persona la suma del poder público.

¿QUÉ QUIERE DECIR "YO MISMA"?

"YO MISMA" SIGNIFICA: "YO, Y NO OTRA PERSONA"

¡AJHÁ!...¿VOS, Y NO OTRA PERSONA?

¡NO,NO! ¡SI YO DIGO: "YO MISMA", QUIERO DECIR YO! ¡Y SI VOS DECÍS: "YO MISMA" QUERÉS DECIR VOS!

¿SI YO DIGO "YO", QUIERO DECIR "VOS"?

¡NOOO! ¡VOS QUERÉS DECIR: "YO"!

¡BUENO, LA QUE SEA!... ME ALEGRA VER LO COMPLICADO QUE RESULTA DEMOSTRAR QUE QUIEN ACABA DE ROMPER EL JARRÓN DEL LIVING FUE "YO MISMA", "VOS MISMA"... ¡QUÉ SÉ YO!... ¡DIGO... VOS!

9 marzo '65

TOMÁ. SI ÉSTA ES TU VISIÓN DEL MUNDO, CREO QUE DESDE HOY SABRÉ PERDONARTE MUCHAS COSAS

9 marzo '65

¡GRANDULÓN! ¡LEYENDO HISTORIETAS, AHÍ!

ENTRE
los diarios que en ese momento se editaban en
la capital, "El Mundo" era uno de los más populares e
independientes. Brascó, que conocía personalmente a su
director, Carlos Infante, le recomendó *Mafalda*.
Empezó a publicarse el 15 de marzo de 1965 y continuó hasta el
22 de diciembre de 1967, fecha en que "El Mundo" cerró
definitivamente. "Ése fue el verdadero lanzamiento de Quino",
sostiene Miguel Brascó, que intervino para que la historieta
siguiera adelante y que por entonces viaja a Santa Fe y
recomienda la tira a su amigo Luis Vittori, subdirector de "El
Litoral". Más tarde, el diario "Córdoba", de Córdoba, también a
instancias del mismo "promotor" comienza a publicar *Mafalda*,
que se extiende por los diarios del interior del país.

Quino pasa de "Primera Plana", que era un semanario, a
publicar tiras cotidianas en un diario, y esto le permite tocar
temas de último momento. Los problemas, tanto domésticos
como políticos pasan a reflejarse entonces en los juegos y en
las relaciones familiares.

La polémica sobre si la televisión era perniciosa o no para
los niños estaba en pleno auge.
Quino que, como muchos, se resistía a tener televisor,
no pudo eludir el tema.
Al cabo de dos semanas de publicar en "El Mundo"
advierte que necesita más personajes para enriquecer la tira, y el
29 de marzo de 1965 aparece Manolito –Manuel Goreiro–
inspirado en el padre de Julián Delgado, propietario en Buenos
Aires de una panadería situada en Cochabamba y Defensa, en el
histórico barrio de San Telmo.
El 6 de junio debuta Susanita –Susana Beatriz Chirusi–, que no
responde a un modelo de persona conocida por su creador. El
hermanito de *Mafalda* –un simpático y desfachatado sobrino de
Quino que tiene ya 24 años y estudia flauta en Basilea– no
llegó a aparecer porque el repentino cierre de "El Mundo" dejó a
la mamá embarazada de Guille.

9 marzo '65

1° abril '65

DESDE marzo de 1965 hasta junio de 1966 la Argentina soportó una embestida contra sus instituciones democráticas que desembocaría en el golpe militar del 28 de junio. El triunfo del peronismo, con el nombre de "Unidad Popular", en las elecciones legislativas del 14 de marzo, y una campaña orquestada contra la gestión de gobierno, tenida por algunos como exage-

45

19 abril '65

8 mayo '65

radamente estatista y por otros como demasiado dócil ante las exigencias del FMI, habían enrarecido el clima social y militar. La imagen del gobierno se deterioraba a diario sin que nadie tratara de defenderlo. La lentitud que se atribuía a los radicales quedó simbolizada en una tortuga. También las arrugas del rostro del Presidente se habían convertido en motivo de bromas. Las mejor intencionadas rescataban aquello de venerable que imprime el paso del tiempo, y sus adeptos se complacían

10 mayo '65

11 mayo '65

en expandir esa figura calma y bondadosa –"popular", de-cian– del Primer Mandatario. Otro tipo de pullas asociaba las arrugas presidenciales a un estilo de gobierno "en favor de la calma y la unidad", pero que no lograba resolver candentes temas sociales como el deterioro salarial o la suba de precios. (Ref. tiras 12 y 13 junio '65 y 8 octubre '65). Durante este período –marzo de 1965-diciembre de 1967– la vida del país se vincula estrechamente a los acontecimientos que ocurren

¡MUY BONITO!...¡LA IDEA DE JUGAR AL GOBIERNO FUE MÍA, Y AHORA RESULTA QUE NO ME DEJAN SER PRESIDENTE!

CONSOLATE: A MUCHOS OTROS SE LES OCURRIÓ JUGAR AL GOBIERNO Y LUEGO NO PUDIERON SER PRESIDENTES

¿Y CON ESO?

¡NADA!¡QUE EL TUYO ES UN CASO MUY GENERAL!

¡SÍ, YA SÉ!...

¡CUANDO A ALGUIEN NO LO DEJAN SER PRESIDENTE, CASI SIEMPRE ES POR ALGO MUY "GENERAL"!

12 mayo '65

SI NO DEJÁS QUE MAFALDA SEA PRESIDENTE, NO PODREMOS JUGAR AL GOBIERNO!...

¿Y POR QUÉ ELLA NO QUIERE SER MINISTRO, COMO NOSOTROS?¡EN LA DEMOCRACIA TODOS DEBEMOS SER IGUALES!

BUENO, PERO EN LA DEMOCRACIA SIEMPRE HAY UN PRESIDENTE QUE CONDUCE EL GOBIERNO!

¿SIEMPRE?

13 mayo '65

en América latina. Es el caso de la invasión norteamericana a Santo Domingo en abril de 1965 que despierta una polémica dentro del partido gobernante al tiempo que algunos sectores aprovechan para responsabilizar al radicalismo de debilidad frente a la "infiltración comunista". (Ref. tira 15 mayo '65).

El 29 de abril, quinientos "marines" habían desembarcado en la República Dominicana pretextando la "incapacidad" de su gobierno para defender los intereses de los compatriotas nor-

14 mayo '65

15 mayo '65

teamericanos residentes en la isla.

En realidad, Washington quería sofocar el alzamiento de un grupo de militares nacionalistas que se oponía al triunvirato de facto que dos años antes había depuesto al gobierno constitucional del presidente Juan Bosch, también curiosamente acusado de "blando con el comunismo". El Triunvirato, que se apoyaba en propietarios de ingenios azucareros, comerciantes y en la Iglesia, era herencia de treinta y dos años de dictadura

49

16 mayo '65

17 mayo '65

del "Benefactor" Rafael Leónidas Trujillo, asesinado en 1962. La CIA, a cargo del republicano, conservador y católico, John Mc Cone, temerosa de que cundieran por América latina ejemplos como los de Castro, Nasser o Ben Bella, desconfiaba más de los "nacionalismos de izquierda" que de los marxismos legales. Era el caso del Partido Comunista Dominicano, que nunca apoyó a Bosch, entre otras cosas porque participaba de la "Legión del Caribe", que agrupaba a liberales

MAMÁ, ¿EL PRESIDENTE DE LA REPÚBLICA TIENE ARRUGAS?

Y.... ALGUNAS TIENE

ES UNA LÁSTIMA

EL PAÍS LUCIRÍA MUCHO MÁS PRESENTABLE SI USARA PRESIDENTES "WASH AND WEAR"

12 junio '65

¡LO QUE ESTE PAÍS NECESITA ES UN GOBIERNO "WASH AND WEAR"?

¡MIRÁ QUE DECÍS TONTERÍAS¿EH? ¿CÓMO SERÍA UN GOBIERNO "WASH AND WEAR"?¿EH?

¡Y!........ ¡UN GOBIERNO "SIN PLANCHAS"!

13 junio '65

centroamericanos, antidictatoriales y amigos de los Estados Unidos y que integraban José Figueres en Costa Rica, Rómulo Betancourt en Venezuela y Muñoz Marín en Puerto Rico. Durante cuatro meses –de abril a julio– la República Dominicana se debatió en una guerra civil. La OEA, preocupada por la posibilidad de un triunfo de los sectores más radicalizados, crea –en contra de la opinión de la ONU– la Fuerza Interamericana de Paz, "FIP", para combatir la "infiltración

51

14 junio '65

8 octubre '65

comunista" en el marco de la intervención norteamericana a Santo Domingo. (Ref. tira 8 mayo '65).

La vacilante decisión del canciller Miguel Ángel Zavala Ortiz de enviar tropas argentinas a la FIP desata una crisis en el gobierno radical. Una creciente movilización opositora a la propuesta de Zavala Ortiz, que integran el peronismo, la CGT, el desarrollismo, la democracia cristiana, el socialismo argentino, organizaciones estudiantiles y sectores importantes

19 octubre '65

26 octubre '65

del propio radicalismo, obligó al gobierno a demorar el envío del proyecto al Congreso. (Ref. tira 10 mayo '65).

El 12 de mayo se realiza un acto de protesta en la Plaza de los Dos Congresos que culmina con el asesinato del estudiante Daniel Grinbak. Dos grupos de la organización nacionalista Tacuara se culparon mutuamente por el hecho: el Movimiento Nacionalista Revolucionario (MNR-Tacuara) y la Guardia Restauradora Nacionalista.

MI PAPÁ DICE QUE HAY UN CIERTO CLIMA DE GOLPE DE ESTADO

¡JHA'! ¡GOLPE! ¿SABES LO QUE PIENSO DE LOS GOLPISTAS? ¡QUE SON TODOS UNOS...

¡ESTÚPIDOS!

ES LA PRIMERA VEZ QUE OIGO INSULTAR EN CINERAMA

¡Y EN RUTILANTE TECHNICOLOR!

12 diciembre '65

¿QUÉ HACÉS, MAFALDA?

DIBUJO UNA TARJETA DE NAVIDAD PARA MANDÁRSELA A LA ABUELA

¿SALE MUY CARO ENVIAR UNA TARJETA POR CORREO, MAMÁ?

¿UNA TARJETA? ¡NO!...

¿Y UNA MESA?

En octubre de ese año, Diputados debate la resolución de la Cámara de Representantes nortea-mericana que permitía a los Estados Unidos intervenir en otras naciones del continente "ante cualquier amago de subversión comunista". Cerró el debate el diputado radical Raúl Alfonsín con una ponencia que fue considerada "medular históricamente" y "doctrinaria políticamente". Alfonsín, que impactó al bloque de diputados justicialistas, dijo que los gobiernos radicales han sostenido

24 diciembre '65

Fue un error de Quino suponer que en la escuela los chicos seguían haciendo palotes.

12 marzo '66

siempre la libre determinación de los pueblos, la no intervención en sus asuntos internos y la igualdad jurídica de las naciones. La Argentina no envió tropas a Santo Domingo. Otro hecho repercutió en la sociedad argentina. En mayo muere en Buenos Aires Celia de la Serna de Guevara Lynch, madre del Che Guevara. Es la primera vez que se habla públicamente del ignorado paradero de Guevara, sobre el que se teje todo tipo de conjeturas. Algunos sostenían que

El 15 de marzo de 1966 Quino festeja el primer aniversario de *Mafalda* en el diario "El Mundo", al mismo tiempo que en la ficción el personaje cumple seis años.

15 marzo '66

la Revolución Cubana había eliminado a su ala izquierda, encarnada por el Che. Otras aseguraban que Guevara intentaba reproducir la experiencia cubana en otros países. El diario "The Times", de Londres, llegó a afirmar que su presencia se había convertido en un peligro para la Revolución Cubana luego del discurso antisoviético que pronunció en la Conferencia de Argel. (Ret. tira 19 octubre '65).

Sin embargo, el 4 de octubre de 1965 Fidel Castro –que por

21 mayo '66

27 mayo '66

entonces había disuelto el Partido de la Revolución Socialista para reemplazarlo por el Partido Comunista Cubano– dio a conocer una carta que le había enviado Guevara, fechada el 1º de abril, donde bajo la forma de un testamento político, el Che renunciaba a su cargo de ministro de Industria y a la nacionalidad cubana.

"Otras tierras del mundo reclaman el concurso de mis modestos esfuerzos. Yo puedo hacer lo que te está negado –le

57

29 mayo '66

14 junio '66

explicaba a Fidel en un párrafo– y llegó la hora de separarse. Sépase que lo hago con una mezcla de alegría y dolor. Aquí dejo lo más puro de mis esperanzas de constructor y lo más querido entre mis seres queridos. Hasta la victoria siempre. Patria o Muerte. Te abrazo con todo fervor revolucionario. Che." "Dejo que los enemigos de la Revolución sigan haciendo conjeturas sobre Guevara", fue el comentario de Castro.

La actitud de los Estados Unidos y la OEA frente al conflicto

EL MUNDO

"Lo bueno, si breve, dos veces bueno." GRACIAN.

10 Ptos

Año XXXIX - Nº 13.429 - Buenos Aires, miércoles 29 de junio de 1966

El teniente general **JUAN CARLOS ONGANIA** que desde hoy preside el Gobierno.

PROCLAMA REVOLUCIONARIA

LOS TRES COMANDANTES en jefe de las Fuerzas Armadas, integrantes de la Junta Revolucionaria, momentos antes de darse lectura, desde el Salón Blanco de la Casa de Gobierno, al mensaje dirigido al pueblo informando sobre los verdaderos fines de dicho movimiento.

Asumirá Hoy la Presidencia el General Onganía

Con la presencia de altos jefes y oficiales de las tres armas, hoy, a las 11, en el Salón Blanco de la Casa de Gobierno, prestará juramento como presidente de la República el teniente general Juan Carlos Onganía. Tendrá cumplimiento así lo anunciado en el mensaje dirigido ayer al pueblo por la Junta Revolucionaria integrada por los tres comandantes en jefe de las Fuerzas Armadas. Estímase que, previo al juramento de Onganía, harán lo propio los nuevos miembros de la Corte Suprema de Justicia. Inf. págs. 2, 3, 4, 5, 6, 7, 8, 9, 20, 21 y 40.

EN MADRID

MADRID (AP).— El ex presidente argentino Juan D. Perón expresó que esta a favor del golpe de estado que derrocó al doctor Illia. En declaraciones formuladas a un semanario de Buenos Aires, subrayó que el golpe de estado era "la única salida para acabar con el régimen corrupto que impera en la Argentina en los últimos años".

Perón, después de la personalidad del general Onganía, manifestando que del nuevo gobierno, de quien dijo que era "un brillante soldado", en diciendo que "con el trabajo de todo el país podrá recuperarse en poco tiempo.

Desquite — *Por Landrú*

— Vengo a hacerle un planteo.

MAFALDA

Por Quino

19 julio '66

Mundial de fútbol de 1966 / Partido Argentina-Inglaterra.

26 julio '66

de Santo Domingo encontró su contrapartida en la Conferencia de Solidaridad Tricontinental inaugurada en La Habana en enero de 1966. Esta reunión se propone desarrollar y coordinar la lucha contra el imperialismo norteamericano.

Perú, Colombia, Venezuela y los Estados Unidos sostienen que la actitud del encuentro es de "intervención en los asuntos internos de los países" y reclaman de la OEA sanciones para la misma. Pero el organismo, reunido en se-

Guerra egipcio-israelí   6 junio '67

25 julio '67

sión secreta, no logra ponerse de acuerdo sobre el texto de resolución condenando a la Tricontinental de La Habana. En tanto en la Argentina, a fines de 1965, el comandante en jefe del Ejército, general Juan Carlos Onganía, solicita su retiro alegando no haber sido consultado para la designación del nuevo secretario de Guerra. (Ref. tira 12 diciembre '65).

Durante el verano de 1966 comienzan a ser cada vez más fre-

¡MAMÁ, MAMÁ!... ¡EL GOBIERNO HA PROHIBIDO LA SOPA!

¡EN SERIO! ¡NO PODRÁS HACER MÁS SOPA!

NO DESESPERES, HIJITA; CON TAL DE ALIMENTARTE CONSEGUIRÉ EL RECETARIO DEL CHE GUEVARA SOBRE "LA SOPA CLANDESTINA"

ERA UNA BUENA MENTIRA, PERO HOY EN DÍA TODO EL MUNDO ESTÁ MUY DESPABILADO

15 agosto '67

¡ES POR TU BIEN, MIGUELITO; SI TENÉS MENOS DE SEIS AÑOS **DEBES** VACUNARTE CONTRA LA POLIO!

¡NO! ¡SOY MUY CHIQUITO PARA SUFRIR!

MI ABUELITA DICE QUE CON ESAS COSAS MODERNAS NUNCA SE SABE

¡PERO, HOMBRE! ¡SI SÓLO SON UNAS GOTITAS EN UN TERRÓN DE AZÚCAR!...

ADEMÁS, NO PODÉS GUIARTE POR TU ABUELITA. YA LO DICE EL VIEJO PROVERBIO PERSA: "SI ES DE OTRA GENERACIÓN, A LA PLANCHADORA TEME, PUES CON SU PLANCHA A CARBÓN TE QUEMARÁ EL TERYLENE"

¿PERSA?

20 octubre '66

cuentes los rumores de un golpe militar en la Argentina. Las Fuerzas Armadas, aunque todavía prescindentes, observaban con creciente interés al Brasil, donde un gobierno militar que había disuelto los partidos políticos continuaba gozando de la afluencia masiva de capitales. (Ref. tira 6 abril '66). Sumándose al coro de los descontentos aparecen una serie de solicitadas que firma una Federación Argentina de Entidades Democráticas Anticomunistas, FAEDA, que recurre al viejo

truco de acusar de "comunista" al gobierno para justificar un golpe. Sus denuncias fueron acompañadas, en muchos casos, de listas con nombres y apellidos de los "infiltrados" en distintos ámbitos. El historiador José Luis Romero, el periodista Gregorio Selser y el presidente de EUDEBA, Boris Spivacow, mencionados en dichas listas, inician querella a la entidad.

Durante los meses de mayo y junio de 1966 se suceden los conflictos sociales. Paran estatales, ferroviarios, el transporte automotor de la provincia de Buenos Aires, los profesores de enseñanza media y los estudiantes ocupan las facultades en demanda de mayor presupuesto. El 14 de mayo caen asesinados el dirigente metalúrgico Rosendo García –cercano a Augusto Vandor– y el secretario adjunto de la UOM, Domingo Blajakis. Tres años después el escritor Rodolfo Walsh en el libro *Quién mató a Rosendo* responsabilizaba al propio Vandor por el episodio.

Ese mismo mes Perón asegura, en un reportaje, haber recibido emisarios del gobierno argentino para solicitarle una tregua política, así como la visita de militares y civiles para interesarlo en un golpe de Estado. Si bien Perón declara que si se cumplieran ciertas condiciones que beneficiaran al país lo apoyaría, dice no haber llegado a ningún acuerdo.

Mientras, el ministro de Justicia, Carlos Alconada Aramburú, denuncia a las revistas "Primera Plana", "Confirmado", "Atlántida" e "Imagen" por "anunciar los preparativos del delito de rebelión", al cual se instigaba públicamente. El 29 de mayo el Instituto Argentino de Opinión Pública consagra a Onganía como el Hombre del año. En la misma lista de galardonados figuraban Amalita Fortabat y Pinky, designadas las más elegantes.

El 25 de junio el ministro de Defensa, Leopoldo Suárez, interinamente a cargo de la Escuela Superior de Guerra, acuerda con los altos mandos tres puntos a debatir con el Presidente: plan político, comunismo y medios para asegurar el orden interno. El 28 trasciende que a las 21.25 la Presidencia de la Nación dará a conocer un comunicado a difundirse por la cadena nacional. Propósito que no llega a concretarse porque las emisoras habían sido ocupadas por el Ejército una hora antes.

En la madrugada del 29 de junio un grupo de oficiales, entre los que se encontraban Julio Alsogaray y Luis César Perlinger, le exigen a Illia que renuncie. La respuesta del Presidente de la Nación fue tajante: "Me quedo en el lugar donde la Constitución y la ley me obligan a quedarme. Ustedes son insurrectos, yo cumplo con mi deber". Derrocado, Arturo Umberto Illia abandonó esa noche la Casa Rosada en un taxi. (Ref. tira 29 junio '66 y primera página de "El Mundo").

El 30 de junio Onganía asume como nuevo presidente de los argentinos y justifica el levantamiento asegurando que "el país estaba disminuido física y moralmente". A partir de entonces se impone la "Doctrina de la Seguridad Nacional", que permite a los militares intervenir en caso de conflicto interno.

La CGT adhiere al golpe y en el juramento del nuevo ministro de Economía, Néstor Jorge Salimei, están presentes, entre otros, el dirigente metalúrgico Augusto Vandor –que se refiere al hecho como un "reencuentro nacional"– y representantes de las 62 Organizaciones. Las directivas de Perón se resumen en aquella famosa frase "hay que desensillar hasta que aclare", o sea, esperar el curso de los acontecimientos. (Ref. tira 19 julio '71).

El 2 de julio se prohíbe la actividad política, el 9 Isabel Perón abandona el país y el 24 Álvaro Alsogaray es enviado al exterior para explicar "los alcances de la Revolución". El día 30 el gobierno suprime la autonomía universitaria, recuperada luego durante el gobierno del doctor Alfonsín. Las universidades pasan a depender del Ministerio de Educación y el nuevo administrador de la Universidad de Buenos Aires es el ex juez Luis Botet.

La noche siguiente al decreto de supresión de la autonomía universitaria se reúnen los Consejos de cada Facultad para analizar la nueva situación. La policía irrumpe entonces en todas las casas de estudio destrozando puertas, vidrios, golpeando y deteniendo a decenas de estudiantes y profesores. El operativo quedó inscripto como "la noche de los bastones largos", titulado así por Sergio Morero –testigo ocular– en una nota publicada en "Primera Plana". Había comenzado el éxodo.

Se allanan albergues transitorios (entonces hoteles alojamiento) a las horas más intempestivas y una moralina gris y opaca se extiende por todo el país. La iluminación de los lugares nocturnos debe ser tal que desde cualquier ámbito "pueda apreciarse con absoluta certeza la diferencia de sexo entre los concurrentes". Prohíben la representación en el Teatro Colón de la ópera "Bomarzo" –basada en la novela de Manuel Mujica Lainez y con música de Alberto Ginastera– por contener escenas "inmorales" y clausuran la revista "Tía Vicenta" por "irrespetuosidad hacia la autoridad". El Centro de Artes Visuales del Instituto Di Tella, considerado un reducto de elementos "disolventes", también sufrirá reiteradas clausuras. La obsesión por el pelo largo de los varones hizo que la policía detuviera al plástico Ernesto Deira, junto a otros artistas, y les cortara el pelo en la seccional.

La luna de miel entre la central obrera y el régimen militar dura sólo un año. En junio de 1967 un documento de la CGT enjuicia severamente al gobierno por su política económica y social.

En agosto se inaugura en La Habana la OLAS, Organización Latinoamericana de Solidaridad, cuyo objetivo es buscar, una vez más, "una nueva estrategia contra el imperialismo norteamericano" siguiendo los lineamientos marcados en la carta del Che del 1º de abril de 1965. Dos revolucionarios nicaragüenses, Francisco García y José González, aseguran que Nicaragua –sometida a la dictadura de Somoza– "será el próximo país que se levantará en América Latina". (Ref. tira 15 agosto '67).

En 1965 los Estados Unidos logran enviar a Marte la sonda espacial Mariner IV, que tras 137 días de vuelo transmite las primeras fotos cercanas del planeta. La carrera espacial prosigue con el fracaso de la cápsula espacial Géminis VI, mientras el Lunik II, lanzado por la Unión Soviética, fotografía la, hasta entonces, cara oculta de la Luna, hecho que conmocionó tanto al mundo científico como a la opinión pública. (Ref. tira 19 abril '65).

Temas más cercanos preocupan sin embargo a la humanidad. George Wallace, el racista gobernador de Alabama, prohibía una marcha de elementos integracionistas dirigida por Martin Luther King. Los Estados Unidos intensificaban la guerra de Vietnam y el mundo se enteraba horrorizado de que los norteamericanos empleaban gases tóxicos y napalm en el conflicto.

El temor a la influencia de las decisiones de La Habana recrudece por toda la región. La supuesta presencia del Che en Bolivia, donde combaten guerrilleros y fuerzas regulares, origina un gran operativo en su búsqueda. El 8 de octubre de 1967, Ernesto "Che" Guevara es capturado, herido y luego asesinado por "rangers" bolivianos.

Los soviéticos toman partido por los norvietnamitas e instalan

rampas para cohetes en Hanoi. En los Estados Unidos se organizan manifestaciones de protesta contra la guerra y en muchos países, actos de repudio contra la intervención extranjera en Asia.

En Francia, anterior y derrotado ocupante de Vietnam –Indochina–, el general De Gaulle reprueba esta guerra y declara su solidaridad con los movimientos de liberación latinoamericanos. En Egipto, Gamal Abdel Nasser reacciona violentamente porque la República Federal Alemana reconoce a Israel. En España, los estudiantes salen a la calle para protestar por la sindicalización obligatoria impuesta por el franquismo, y la Universidad de Buenos Aires se solidariza con ellos. Desde el Concilio Vaticano II, el papa Pablo VI hace un llamado a los cristianos para que se entronquen "en la realidad del mundo". Unos meses antes el Concilio había eliminado el término "deicida" para los judíos, condenado el antisemitismo y permitido a los sacerdotes absolver a los masones –excomulgados en 1738– arrepentidos. Pablo VI también había clamado por el fin de las guerras durante su visita a la ONU en mayo de 1965.

El Tercer Mundo intenta hacerse escuchar, y noventa y tres países protagonizan una rebelión contra las diez grandes potencias financieras internacionales exigiendo plena participación en la reforma del sistema monetario internacional, pero el FMI permanece insensible. La Argentina figuraba entonces como el tercer país deudor (2.100 millones de dólares) precedida por la India (4.000 millones) y Brasil (2.300 millones).

El mundo de entonces lo poblaban 2.500 millones de seres, de los que 1.700 estaban condenados al hambre. Según estadísticas de la ONU los países ricos contaban con el 10% de la población mundial y disponían del 70% de la renta del mundo, en tanto que el 54% de la población mundial estaba concentrada en los países de mayor indigencia y percibía sólo el 9% del ingreso universal. La realidad social del hombre comenzaba a ser percibida como íntimamente vinculada a la estructura económica de las regiones subdesarrolladas. Y también como una consecuencia de la pésima distribución de las riquezas en el mundo.

En enero de 1966 reanuda sus deliberaciones la Conferencia de Ginebra sobre Desarme Mundial. Meses después la Unión Soviética y los Estados Unidos se acusan mutuamente de proseguir en secreto las pruebas nucleares.

El 1º de junio de 1966 estalla en China la "Revolución Cultural", movimiento creado por Mao Tse Tung para expulsar del gobierno a los opositores a su línea revolucionaria y que ensangrentará a China durante algunos años. Se agravan sus diferencias con la Unión Soviética, a la que China llega a denunciar como cómplice de los Estados Unidos en el conflicto vietnamita. Pero temerosa de que la condenen al ais-

DESDE HOY SERÉ UN FELIPE DECIDIDO, LA DUDA AHORA ES QUE NO SÉ SI OPTAR POR LA AUDACIA ARROLLADORA O POR LA DETERMINACIÓN TAJANTE

lamiento, alerta al pueblo sobre la posibilidad de una guerra con los Estados Unidos. En Moscú, los líderes de los partidos comunistas y primeros ministros de los aliados de Europa oriental condenan enérgicamente la escisión generada por Pekín. En julio el secretario general de las Naciones Unidas, U-Thant, expresa su deseo de no ser reelegido. Su decisión se atribuye a la poca atención que las potencias prestaron a sus gestiones de paz. Francia abandona la NATO y hace estallar su bomba atómica en el atolón de Mururoa, en el océano Pacífico, cerca de Tahití. Los Estados Unidos conocen un nuevo tropiezo en la conquista del espacio con el estallido del gigantesco cohete Saturn I B, precursor del vector que lanzará a la Luna a los astronautas tres años después. Mientras, estalla otra ola de violencia racial, alentada por los seguidores de Stokely Carmichael, creador del "Poder Negro". El presidente Lyndon Johnson la cataloga como obra de "una conspiración general".

En los primeros meses de 1967 un golpe militar depone al rey Constantino de Grecia. Una junta de coroneles se hace cargo del país. Durante el mes de junio un episodio que conmueve al mundo es la "Guerra de los Seis Días", entre Israel y Egipto, que junto con el resto de los países árabes nunca aceptó la creación del Estado de Israel. Pese a que la agresión armada partió de Egipto, Israel en sólo seis días revierte el conflicto a su favor y se convierte en el indiscutible vencedor. Nasser, a quien se llamó el "Faraón del siglo", había abandonado sus galones frente al general israelí Moshe Dayan, conocido como "el Tuerto Heroico" por haber perdido un ojo combatiendo junto a los ingleses durante la Segunda Guerra Mundial. (Ref. tira 6 junio '67).

El 17 de junio de 1967 China hace estallar su bomba de hidrógeno, lo que significa el triunfo de la línea dura de Mao, tanto internamente como frente a los Estados Unidos y la Unión Soviética. La agencia "Nueva China" define a Mao como "el más grande marxista leninista de nuestra era", mientras se extiende por el mundo la psicosis del peligro amarillo ante la posibilidad de que China se convierta en una potencia nuclear.

DURANTE
los seis meses que siguieron al cierre
del diario "El Mundo" ningún otro medio se interesó por
Mafalda. Por entonces Quino publicaba una página de humor
en "Siete Días Ilustrados", semanario nacido en mayo de 1967.
Sergio Morero, secretario de redacción, y Norberto Firpo, jefe
de redacción, se complotan para reemplazar la página de
humor por la tira de *Mafalda*. "Quino prefiere trabajar con
amigos, no quiere entregarle el rollito de su página a un
cadete porque le gusta que miren inmediatamente su trabajo",
recuerda Morero. *Mafalda* aparece por primera vez en
"Siete Días Ilustrados" el 2 de junio de 1968, en una
página que incluye cuatro tiras.
A diferencia de lo que ocurre cuando se publica en un
diario, ésta debe ser entregada con quince días de anticipación
a la fecha de aparición. El cambio de modalidad impide al
autor poder seguir tan de cerca la actualidad. Quino,
para completar la diagramación de la página, la encabeza con
un pequeño dibujo que hace a último momento,

antes de entregarla. La mayor parte de estos dibujos junto
con las tiras de fin de año, no fueron recopiladas en
los libros. Por esa misma época, *Mafalda* se edita en
Italia, donde, acorde con los tiempos de agitación social
que corrían, aparece con el nombre de
"*Mafalda* la contestataria".
En su primera aparición en "Siete Días Ilustrados"
Mafalda dirige una carta-currículum escrita por Sergio
Morero, al director de la revista.
Guille ya había nacido y el 15 de febrero de 1970
se incorpora a la tira Libertad.
En mayo de 1973 Quino hace que los personajes comiencen a
despedirse de los lectores. Esto no se observa en las tiras sino
en el dibujo del encabezamiento. (Ref. dibujos 28 mayo, 4, 11
y 18 junio.) El 25 de junio se despide formalmente.
"Quino nunca firma contrato,
para poder irse", explica Sergio Morero.

Entre 1968 y 1973 los argentinos tendrán oportunidad de conocer a seis presidentes: los generales Onganía, Levingston y Lanusse, el doctor Cámpora, Raúl Lastiri y Perón. Durante estos años la violencia se extiende por todo el país. Aumentan los asesinatos, secuestros, estallidos de bombas, incendios y otros atentados, y se pueden entrever los primeros síntomas del descontento popular que explotará en el "Cordobazo" de mayo de 1969.

La CGT, entonces escindida en dos ramas, una combativa (liderada por Raimundo Ongaro) y otra burocrática (afín a Augusto Vandor) decreta un paro general de actividades para el 30 de mayo, pero el 29 Córdoba se vuelca a la calle. La jornada, conocida como el "Cordobazo", fue la protesta social más violenta ocurrida en el país desde la Semana Trágica de 1919 y marcó el inicio del declive del presidente, teniente general Juan Carlos Onganía. Un mes después, el 30 de junio, Augusto Vandor cae asesinado. Esa misma noche, el gobierno declara el estado de sitio.

El estreno de la película "Z" –del realizador griego Costa Gavras, sobre la investigación de un crimen político en la Grecia de los coroneles– se convierte en una demostración contra el gobierno. En la revista "Inédito" un columnista que firma Alfonso Carrido Lura escribe: "Cuando un pueblo no encuentra canales naturales para expresarse, la historia ha demostrado que consigue hacerlo a través de vías insólitas". Carrido Lura era el seudónimo de Raúl Alfonsín, quien en 1968 fue detenido por participar en un acto radical en conmemoración de los veinte años de la Declaración Americana de Derechos Humanos.

Un año después del "Cordobazo", el 29 de mayo de 1970, los Montoneros secuestran al general Pedro Eugenio Aramburu, al que posteriormente asesinan. El 8 de junio la Junta de Comandantes destituye a Onganía y lo reemplaza por el desconocido general Roberto Marcelo Levingston, que vuela desde Washington para ocupar el cargo.

El 11 de noviembre se forma "La Hora del Pueblo", integrada por peronistas, radicales y partidos minoritarios. Su objetivo era lograr del gobierno un retorno al sistema democrático.

A comienzos de 1971 un enfrentamiento entre el presidente Levingston y el comandante en jefe del Ejército, general Lanusse, partidario de una salida política, culmina con la renuncia del primero. El 26 de marzo Lanusse asume como presidente de la Nación con retención de las funciones de comandante en jefe. Se levanta la prohibición a los partidos políticos y el nuevo gobierno plantea la necesidad de un Gran Acuerdo Nacional (GAN), que posibilitaría una salida institucional.

Entretanto Perón, cuya táctica oscila entre alentar la existencia de "formaciones especiales" (organizaciones armadas) y formular sesudas declaraciones apelando a la cordura, reemplaza a su delegado personal, Jorge Daniel Paladino, por Héctor J. Cámpora.

El año 1972 encuentra a la sociedad argentina en plena actividad política y peronizada cuasi masivamente. Dispuesto a impulsar una política sin fronteras ideológicas, Lanusse tiene reuniones con Salvador Allende, presidente de Chile; Pacheco Areco, de Uruguay; Hugo Banzer, de Bolivia; viaja a Colombia, Venezuela y a Brasil y reconoce a China Popular. Durante un discurso pronunciado en el Colegio Militar, Lanusse afirma que si Perón no vuelve "permitiré que digan porque no quiere, pero en mi fuero íntimo diré: porque no le da el cuero para venir".

El 22 de agosto 16 guerrilleros alojados en dependencias de la Armada –la Base Almirante Zar, en Trelew– son ejecutados, supuestamente por intento de fuga. La versión oficial fue recibida con dudas por la opinión pública y el episodio se convirtió en bandera de lucha.

Finalmente, y después de 17 años de ostracismo, Perón regresa al país el 17 de noviembre de 1972 y permanece 25 días. Retorna a España y desde allí proclama a Héctor J. Cámpora candidato del Frente Justicialista de Liberación (FREJULI).

El 11 de marzo de 1973 se realizan elecciones generales: la fórmula Héctor J. Cámpora-Vicente Solano Lima obtiene el 49,59% de los votos; los candidatos de la Unión Cívica Radical, Balbín-Gamond, el 21,30%.

El 28 de marzo el presidente Lanusse restablece relaciones diplomáticas con Cuba. Los presidentes Osvaldo Dorticós, de Cuba, y el de Chile, Salvador Allende asisten a la asunción de Cámpora el 25 de mayo. El 20 de junio Perón regresa definitivamente al país.

Bajo el lema "la imaginación al poder", en mayo de 1968 estalla en Francia una revuelta estudiantil que rápidamente se extiende a otros países de Europa, los Estados Unidos, Japón, México. En todos ellos hay una violentísima represión por parte de las fuerzas del orden. En la ciudad de México la movilización estudiantil arroja un saldo de 400 muertos en lo que se conoce como "la matanza de Tlatelolco", ocurrida en octubre en la Plaza de las Tres Culturas. Esas revueltas dan origen a lo que se llama "Mayo del '68", que posiblemente quede inscripto en la historia como "la Revolución del '68".

Ese mismo año tanques soviéticos invaden Checoslovaquia poniendo fin a "la Primavera de Praga", movimiento liderado por Alexander Dubcek, quien, respaldado por intelectuales, estudiantes y artistas, intentaba la creación de una democracia socialista. También en 1968 dos magnicidios conmueven al mundo: en Estados Unidos son asesinados Martin Luther King (Premio Nobel de la Paz 1964) y Robert Kennedy.

En noviembre Richard Nixon es elegido presidente y al año siguiente –1969– inicia el deshielo con China Popular: las gestiones culminarán con su propia visita a Pekín en 1972 y la admisión de China en el seno de las Naciones Unidas.

En Perú un movimiento militar nacionalista encabezado por el general Juan Velasco Alvarado depone al presidente Fernando Belaúnde Terry, y lleva a cabo una serie de reformas sociales y económicas.

El 20 de julio de 1969 el mundo se conmueve por el éxito de la misión Apolo XI: después de 102 horas, 45 minutos y 40 segundos de viaje, el astronauta Neil Armstrong es el primer ser humano que pisa la superficie lunar.

En 1970, en un hecho que pasó a la historia como "Setiembre Negro", tropas del rey Hussein de Jordania masacran a 20.000 combatientes palestinos (OLP) liderados por Yasser Arafat, allí refugiados, por considerarlos una amenaza para el territorio jordano.

En África termina, después de tres años de lucha, la guerra de Biafra con un saldo de dos millones y medio de muertos.

En Francia muere el general Charles De Gaulle.

En Italia se aprueba la ley de divorcio y desde Inglaterra una noticia más frívola sacude al mundo: se disuelven los Beatles.

El pueblo chileno elige presidente a Salvador Allende, quien el 11 de setiembre de 1973 muere atrincherado en el Palacio de La Moneda, durante el ataque de las fuerzas que responden al general Augusto Pinochet.

En Bolivia el coronel Hugo Banzer depone al general Juan José Torres, un militar nacionalista de izquierda, asesinado posteriormente en la Argentina.

En noviembre de 1972, en los Estados Unidos, es reelegido Richard Nixon, obligado a renunciar un año después a causa del "escándalo Watergate". Pese a este episodio, ese mismo año se firma trabajosamente el acuerdo "SALT I" entre los Estados Unidos y la Unión Soviética para reducir el uso de las armas estratégicas.

En enero de 1973 los Estados Unidos y Vietnam del Norte, representados por Henry Kissinger y Le Duc Tho, respectivamente, llegan a un acuerdo para poner fin a la guerra de Vietnam. Ese año ambos recibieron el Premio Nobel de la Paz.

Señor Director de Siete Días:

Un amigo mío, el dibujante Quino (se llama así pero cuando firma los cheques pone Joaquín Lavado), me dijo que tenías mucho interés en contratarnos a mí y a mis amiguitos Susanita, Felipito, Manolito y Miguelito, para que juntos trabajemos todas las semanas en tu revista. Aceptamos con mucho gusto, pero antes debo decirte que en casa aumentó la familia, porque el 21 de marzo nació mi hermanito, lo que alegró bastante a mi papá y mi mamá; y a mí me produjo curiosidad. Ahora estamos todos muy preocupados por atenderlo y pensar en un nombre que a él le guste cuando sea grande. Como me parece que vos y los lectores de la revista querrán conocerme un poco mejor antes de firmar el contrato, te envío mi *currículum* (¿así se escribe?) más o menos completo, porque de algunas cosas ya no me acuerdo. ¡Ah!, también te mando algunas fotos de mi álbum familiar que me sacó mi papá, ¡pero devolvémelas!

En la vida real yo nací el 15 de marzo de 1962. Mi papá es corredor de seguros, y en casa se entretiene cuidando plantas. Mi mamá es ama de casa. Se conocieron cuando estudiaban juntos en la facultad, pero después ella abandonó para cuidarme mejor, dice. El nombre que me pusieron fue en homenaje a una pibita que trabajaba en la película Dar la cara, que se hizo leyendo el libro del escritor David Viñas. El 22 de setiembre de 1964, Quino me consiguió una recomendación para trabajar en la revista "Primera Plana", y en marzo del '65 me llevaron al diario "El Mundo". Vas a ver que mis amiguitos te van a gustar tanto como a mí. Felipito tiene un papá que es todo un ingeniero, él es bueno, un poco simple, tierno y, a pesar de que en la escuela está en un grado más que yo, a veces lo cuido como si fuera hijo mío. A Manolito lo conocí en el almacén de su papá, porque nosotros somos clientes de él. Ahora vamos al colegio juntos. A veces me hace enojar porque es muy cabeza dura. Siempre quiere tener razón... y lo que más bronca me da es que casi siempre la tiene. Con Susanita no me llevo muy bien. Reconozco que a veces yo parezco muy antipática con ella, pero cada vez que habla parece el Premio Nobel de la Clase Media. Seguro que cuando sea grande tocará el piano, se casará y tendrá muchos hijos y jugará a la canasta. Te voy a contar un secreto, pero no se lo digas a nadie, porque a Susanita no le gusta que se sepa: el papá de ella es vendedor de una fábrica de embutidos.

Miguelito es el último que ingresó a la barra. Todos lo queremos mucho y nos hace reír porque piensa siempre las cosas más fantásticas. Claro que es muy chico todavía. Va a un grado menos que nosotros.

En estos días recibí muchas cartas y llamadas telefónicas preguntándome por mi hermanito. A casi todos les preocupa saber cómo mis papás me explicaron el asunto. Fue así: me llamaron un día, se pusieron muy colorados, dijeron que te-

nían que decirme algo muy importante. Mi papá me contó que habían encargado un hermanito para mí, que antes de nacer lo cuidaría mamá porque crece como una semillita, y que la había plantado él porque sabe mucho de plantas. Yo no entendí muy bien, pero me puse muy contenta al saber la verdad, porque la mayoría de los chicos en la escuela hablan de los nenes que nacen en repollos o los trae la cigüeña desde París... ¡Con los líos que hay ahora en París están como para pensar en cigüeñas!

Otros me preguntan cómo, siendo yo tan pesimista en un problema tan grave como el de la paz, creo todavía en los Reyes Magos. Melchor, Gaspar y Baltasar existen porque me lo dijo mi papá, y yo le creo; en cambio sobre la paz tengo todos los días pruebas de que, por ahora, es un cuento. Aprovecho la publicación de esta cartita para enviar un saludo a U-Thant y a los Beatles, a quienes admiro mucho. El pobre secretario de la ONU tiene muy buenas intenciones y sería macanudo que le hicieran caso, pero... Pensando en él, comprendo mejor a mi papá y a mi mamá. Después de todo, ellos no tienen la culpa de cómo son y de cómo viven. Los Beatles me gustan porque son muy alegres, están de acuerdo conmigo en muchas cosas, y tocan la música que nos gusta a los jóvenes. Ellos deberían ser presidentes del mundo, porque tienen influencia sobre mucha gente de todos los países.

También me gusta leer, escuchar los noticiosos, mirar la TV (menos las series), jugar al ajedrez, al bowling y a las hamacas. Me gusta mucho jugar y correr al aire libre, donde haya árboles y pajaritos, como en Bariloche. Cuando fuimos de vacaciones para allá, pasamos días muy lindos. Este año no fuimos de vacaciones porque esperábamos la llegada de mi hermanito. Espero que en el verano crezca pronto, así lo podemos llevar con nosotros a Córdoba. Cuando se preocupe menos por el chupete, le voy a presentar al Pájaro Loco, que trabaja en la TV. Seguro que le va a gustar tanto como a mí.

Entre las cosas que no me gustan están: primero, la sopa, después, que me pregunten si quiero más a mi papá o a mi mamá, el calor y la violencia. Por eso, cuando sea grande, voy a ser traductora en la ONU. Pero cuando los embajadores se peleen voy a traducir todo lo contrario, para que se entiendan mejor y haya paz de una buena vez.

Hasta la semana que viene.

Mafalda

23 junio '69 - Onganía renueva totalmente su gabinete.

11 agosto '69 - Confusión entre el popular trompetista
y Neil Armstrong, primer hombre que pisó la Luna.

2 febrero '70 - Referencia a la llamada pantalla Panorámica
con que se anunciaban las superproducciones de Hollywood.

23 julio '68 - Psicodélico. Término con que se definió la música y la gráfica pop relacionándolos con los efectos de los alucinógenos.

2 junio '69 - El teniente general (R) Alejandro Tcherniakov, muerto el 21 de mayo, eleva a quince el número de generales (en retiro o actividad) fallecidos en un mes y medio.

16 junio '69 - La NASA ultima los detalles de la misión Apolo XI, que depositará a los astronautas Neil Armstrong, Edwin Aldrin y Michael Collins sobre la superficie lunar el 20 de julio.

25 mayo '70 - Alude a la noticia de la puesta a punto de la fecundación *in vitro*. El primer nacimiento logrado por este sistema se produjo en Inglaterra en 1978.

23 marzo '70

22 febrero '71 - Alude a la gestión presidencial del general Levingston.

31 mayo '71 - Referencia a un decreto que limitaba
la venta de carne al consumidor.

7 junio '71 - El 1º de mayo Fidel Castro pronuncia un discurso en el
que alude a los escritores e intelectuales "seudoizquierdistas".

MAFALDA

21 junio '71 - El flamante presidente Lanusse suprime el Ministerio de Economía, que pasa a depender del Ministerio de Hacienda.

19 julio '71 - Manolito hace referencia a la frase con que Perón comentó el golpe de Onganía en 1966, para reflejar la expectativa del peronismo ante el cambio Levingston-Lanusse.

23 agosto '71 - Referencia a una devaluación monetaria del 20%.

4 octubre '71

mAFaLdA

6 marzo '72 - Parece cristalizar el Gran Acuerdo Nacional, (GAN), convocado por el general Lanusse, quien se postula como candidato a presidente.

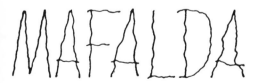

13 marzo '72 - Auge de la cocina macrobiótica en el país.

AH, CÓMO, ¿VOLVIÓ EL LUCTUOSO DIVERTENTE CON SU ALEGRE CARGA DE SANO PESIMISMO? ¡MECACHO!

3 julio '72 - Quino volvió a incluir el dibujito cabeza de página que la dirección había eliminado para dar el espacio.

¿SE PUEDEN ABRIGAR ESPERANZAS CON CAMISETAS DE TUL?

31 julio '72 - Alusión al FRECILINA, antecesor del FREJULI.

APROVECHO ESTA OPORTUNIDAD QUE SE ME BRINDA, PARA SALUDAR A BOBBY FISCHER Y RECORDARLE QUE LOS TRIUNFOS ESTÁN MUY BIEN, PERO ¿Y LOS HIJITOS, PARA CUÁNDO?

11 setiembre '72 - Bobby Fischer, campeón mundial de ajedrez.

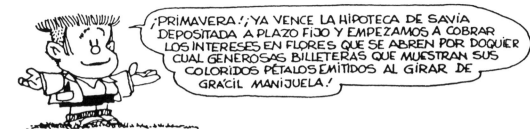

¡PRIMAVERA!; YA VENCE LA HIPOTECA DE SAVIA DEPOSITADA A PLAZO FIJO Y EMPEZAMOS A COBRAR LOS INTERESES EN FLORES QUE SE ABREN POR DOQUIER CUAL GENEROSAS BILLETERAS QUE MUESTRAN SUS COLORIDOS PÉTALOS EMITIDOS AL GIRAR DE GRÁCIL MANIJUELA!

25 de setiembre '72

"EXTRAVIÓS: GRATIFICARÉ DEVOLUCIÓN FE POLÍTICA COLOR ROSA VIEJO. RESPONDE AL NOMBRE DE "DEMOCRACIA". SIN VALOR PARA QUIEN LA ENCUENTRE; ES RECUERDO DE FAMILIA. LLAMAR AL 37 43 "

6 noviembre '72 - Alusión a posibles complicaciones que impidieran llegar a los anunciados comicios de 1973.

3 octubre '72

13 noviembre '72 - Quino había cometido un error en el primer cuadro de la tira de *Mafalda* que se publicó el 3 de octubre. Ante la avalancha de cartas de lectores, el 13 de noviembre trata de subsanar lo mejor posible el papelón.

11 diciembre '72 - Referencia a la formación del FREJULI, integrado por partidos de muy diversa ideología.

25 diciembre '72

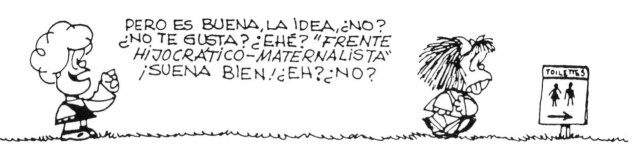

22 enero '73 - Alusión al FREJULI.

5 febrero '73 - En enero, los representantes de los Estados Unidos, Henry Kissinger, y de Vietnam del Norte, Le Duc Tho, llegan a un acuerdo para poner fin a la guerra de Vietnam.

12 febrero '73 - Referencia a los comicios que se efectuarían el 11 de marzo.

19 febrero '73 - Visita del cantautor Joan Manuel Serrat, quien se interesó vivamente por los problemas argentinos.

5 marzo '73 - El 11 de marzo se iban a realizar las ansiadas elecciones generales, luego de siete años de gobiernos militares.

19 marzo '73 - Referencia al triunfo de la fórmula Cámpora-Solano Lima con el 49,59% de los votos.

26 marzo '73 - El doctor Cámpora buscaba integrar su gabinete.

MIS RESPETOS A SU SEÑORITA ABUELA

Y APROVECHO ESTA OPORTUNIDAD PARA SALUDAR A SU MADRINA, QUE SEGURAMENTE ME ESTÁ ESCUCHANDO

¿SABÍAN QUE ALMACÉN DON MANOLO VENDE BARATÍSIM...... BUENO, DIGAMOS CON PRECIOS UNA HORA MÁS BARATOS QUE EN OTROS LADOS

LA MATERNIDAD BIEN ENTENDIDA EMPIEZA POR CASA

AH, SÍ, UNO DE ANTEOJOS, MEDIO PELADITO, QUE LE TIENE TERROR AL AGUA PORQUE SEGÚN ME CONTARON CUANDO TENÍA SIETE AÑOS ERA TAN ENCLENQUE QUE SE METIÓ A UN CANAL Y EL AGUA SE LO LLEVÓ COMO A UNA HORMIGA; DEBE SER MEDIO TARADO, PORQUE TAMBIÉN SUPE QUE EN LA CONSCRIPCIÓN UNA MULA LE ENCAJÓ UNA PATADA, Y CUANDO FUE EN MOTO A

ADALFAM

¿QUÉ TE PASA? ¿NO ERA QUE VOS ESTABAS POR UN NUEVO ORDEN DE COSAS? ¿EÉEH? ¿NO ERA QUE ESTABAS POR UN CAMBIO RENO-VADOR? ¿UUUH?

TANTO VA EL CÁNTARO A LA FUENTE, QUE AL FINAL A ALGÚN FUNCIONARIO SE LE OCURRE CREAR EL IMPUESTO AL TRÁNSITO DE RECIPIENTES, BOTIJOS Y DERIVADOS

DEBERÍAS LEER LO QUE DICE AQUÍ DE LOS HIPPIES, MANOLITO

¿DE LOS JÍPIS?

SÍ, APARTE DE LA ROPA, EL PELO Y TODO ESO HAY ALGO QUE YO NO SABÍA

¿QUÉ ES?

QUE "MUESTRAN EL MÁS ABSOLUTO DESPRECIO POR TODO BIEN MATERIAL Y EN ESPECIAL POR EL DINERO"

¡ASÍ QUE ADEMÁS DE AFEMINADOS.... ATEOS!

Referencia al derrocamiento del rey Constantino II, de Grecia, por parte de una junta de coroneles.

28 mayo '73

4 junio '73

11 junio '73

UDS. NO DIGAN NADA QUE YO LES DIJE, PERO PARECE QUE POR EL PRECISO Y EXACTO LAPSO DE *"UN TIEMPITO"* LOS LECTORES QUE ESTÉN HARTOS DE NOSOTROS VAN A PODER GOZAR DE NUESTRA GRATA AUSENCIA DENTRO DE MUY POCO

VERO? MÁH!... GUARDA CHE BELLO!

QUINO

18 junio '73

DICE EL DIRECTOR QUE BUENO, QUE A PARTIR DE HOY PODEMOS DARLES UN DESCANSO A LOS LECTORES, PERO QUE SI ALGUNO DE NOSOTROS SE MUDARE, TRASLADARE, Y/O APARECIERE EN OTRA REVISTA Y/O DIARIO EL A PATADAS NOS AGARRARE

¡JOROBARE!

¡PERO NO! ¿A QUIÉN SE LE OCURRIERE?

YO DIJERE QUE POR AHORA ESA IDEA NO EXISTIERE

¿Y SI ALGUIEN NOS SOBORNARE?

¿POR QUIÉN NOS TOMARES?

QUINO

25 junio '73

AL MAL TIEMPO, BUENA ROTATIVA

DESPUÉS
que *Mafalda* se despidiera en junio de
1973, Quino vuelve a retomar sus personajes
en campañas de defensa de la niñez.
Ocasionalmente lo había hecho antes,
como en el caso de "El Mosquito",
publicación interna del Hospital de Niños de
Buenos Aires. En 1976, Año Internacional del Niño,
UNICEF pide a Quino hacer un afiche e
ilustrar los 10 principios de la Declaración de
los Derechos del Niño. El autor cede sus derechos
sobre esa edición a UNICEF.
La Convención Internacional de los Derechos del
Niño que pretendía "que los países
reconozcan esos derechos y luchen por su
observancia con medidas legislativas".
Hasta ahora los principios sólo son buenas intenciones
que los países no se obligan a respetar.

Esta *Mafalda* enfermera fue la portada de la revista "El Mosquito", sobre la idea del doctor Jorge Colombo, cuando el Hospital de Niños realizaba una intensa campaña para crear la Sala de Terapia Intensiva.

Boceto del póster que editó *UNICEF*
celebrando el *AÑO INTERNACIONAL DEL NIÑO.*

DECLARACIÓN DE LOS DERECHOS DEL NIÑO

Comentada por Mafalda y sus amiguitos
para UNICEF
(Fondo de las Naciones Unidas
para la Infancia)

Principio 1

El niño disfrutará de todos los derechos enunciados
en esta Declaración. Estos derechos serán reconocidos
a todos los niños sin excepción alguna ni distinción
o discriminación por motivos de raza,
color, sexo, idioma, religión, opiniones políticas
o de otra índole, origen nacional o social,
posición económica, nacimiento u otra
condición, ya sea del propio niño o de su familia.

Principio 2

El niño gozará de una protección especial
y dispondrá de oportunidades y servicios,
dispensado todo ello por la ley y por otros medios,
para que pueda desarrollarse física, mental, moral,
espiritual y socialmente en forma saludable y normal,
así como en condiciones de libertad y dignidad.
Al promulgar leyes con este fin, la consideración fundamental
a que se atenderá será el interés superior del niño.

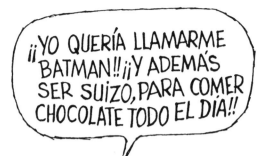

Principio 4

El niño debe gozar de los beneficios
de la seguridad social. Tendrá derecho a crecer
y desarrollarse en buena salud; con este fin deberán
proporcionarse, tanto a él como a su madre, cuidados
especiales, incluso atención prenatal y posnatal.
El niño tendrá derecho a disfrutar de alimentación,
vivienda, recreo y servicios médicos adecuados.

Principio 3

El niño tiene derecho desde
su nacimiento a un nombre
y a una nacionalidad.

> ¡A MI MAMÁ LOS NIÑOS IMPEDIDOS LA CONMUEVEN TANTO!...¡LE DESPIERTAN TAN PROFUNDO AMOR QUE SU SENSIBILIDAD NO SOPORTA EL DOLOR DE ACORDARSE SIQUIERA DE QUE EXISTEN!¡POBRE MAMÁ!

> Y, SÍ, HAY, MUCHÍSIMA GENTE ASÍ BONACHONA

Principio 5

El niño física o mentalmente impedido
o que sufra algún impedimento social debe recibir
el tratamiento, la educación y el cuidado especiales
que requiera su caso particular.

> DIGO YO....¿Y POR HACERNOS QUERER DE ESA MANERA NO NOS PAGAN NAD......

Principio 6

El niño, para el pleno y armonioso desarrollo de su
personalidad, necesita amor y comprensión. Siempre que
sea posible, deberá crecer al amparo y bajo la
responsabilidad de sus padres y, en todo caso, en un
ambiente de afecto y de seguridad moral y material;
salvo circunstancias excepcionales, no deberá separarse
al niño de corta edad de su madre. La sociedad y
las autoridades públicas tendrán la obligación de cuidar
especialmente a los niños sin familia o que carezcan de
medios adecuados de subsistencia. Para el mantenimiento
de los hijos de familias numerosas conviene conceder
subsidios estatales o de otra índole.

Principio 7

El niño tiene derecho a recibir educación, que será gratuita
y obligatoria por lo menos en las etapas elementales.
Se le dará una educación que favorezca su cultura general y le permita,
en condiciones de igualdad de oportunidades, desarrollar sus aptitudes
y su juicio individual, su sentido de responsabilidad moral y social, y
llegar a ser un miembro útil de la sociedad.

El interés superior del niño debe ser el principio rector de quienes
tienen la responsabilidad de su educación y orientación; dicha responsabilidad incumbe, en primer término, a sus padres.

El niño debe disfrutar plenamente de juegos y recreaciones, los
cuales deberán estar orientados hacia los fines perseguidos por la educación; la sociedad y las autoridades públicas se esforzarán por promover el goce de este derecho.

Principio 8

El niño debe, en todas las circunstancias, figurar entre
los primeros que reciban protección y socorro.

Principio 9

El niño debe ser protegido
contra toda forma de abandono,
crueldad y explotación.
No será objeto de ningún
tipo de trata.

No deberá permitirse al niño
trabajar antes de una edad mínima
adecuada; en ningún caso se le
dedicará ni se le permitirá que se
dedique a ocupación o empleo
alguno que pueda perjudicar su
salud o su educación, o impedir su
desarrollo físico, mental o moral.

TOTAL, TODO ESO YA
TENDREMOS TIEMPO DE
SUFRIRLO CUANDO
SEAMOS GRANDES

Y ESTOS DERECHOS....
A RESPETARLOS, ¿EH?
¡NO VAYA A PASAR COMO
CON LOS DIEZ MANDAMIENTOS!

Principio 10

El niño debe ser protegido contra las prácticas
que puedan fomentar la discriminación racial,
religiosa o de cualquier otra índole. Debe ser
educado en un espíritu de comprensión,
tolerancia, amistad entre los pueblos, paz y
fraternidad universal, y con plena conciencia
de que debe consagrar sus energías y
aptitudes al servicio de sus semejantes.

En 1984, a pedido de una
institución de bien público,
la Liga Argentina para la
Salud Bucal, LASAB,
Quino hizo que *Mafalda*
se lavara públicamente
sus dientes para que todos
los chicos de la Argentina
lo compartieran con ella.

Mafalda
se cepilla los dientes
todas las noches
antes de dormir.

Cepilla todas las caras
de afuera de todos los dientes.

Todas las caras de adentro
de todos los dientes.

Todas las caras
que mastican.

Y ahora las caras de atrás...
de los dientes de adelante.

Y también la lengua!!!

Para completar la limpieza de los dientes se cortan 30 cm de hilo de seda dental

y, enroscándolo entre los dedos, lo pasamos por los espacios entre los dientes.

¿¿¿Mmmm???

¡¡¡Mmmm!!!

Afiche para el Congreso Internacional de Ambliopía
realizado en Montevideo en 1984.

Esta trigesimosexta edición de 8.000 ejemplares
se terminó de imprimir en GRÁFICA PINTER,
Diógenes Taborda 48, C1437EFB, Ciudad de Buenos Aires,
Argentina, en el mes de diciembre de 2014.